EL GUSTO DEL
MERCADO MEXICANO

A TASTE OF THE
MEXICAN MARKET

escrito e ilustrado por
written and illustrated by
Nancy María Grande Tabor

 Charlesbridge

For Michele, who feeds me with words of encouragement, supporting material, and cookies. Thank you.

Other bilingual books by Nancy María Grande Tabor:

ALBERTINA ANDA ARRIBA: EL ABECEDARIO
Albertina Goes Up: An Alphabet Book

CINCUENTA EN LA CEBRA: CONTANDO CON LOS ANIMALES
Fifty on the Zebra: Counting with the Animals

SOMOS UN ARCO IRIS
We Are a Rainbow

Published by Charlesbridge Publishing, 85 Main Street,
Watertown, MA 02472 • (617) 926-0329
www.charlesbridge.com

Library of Congress Cataloging-in-Publication Data
Tabor, Nancy.
El gusto del mercado mexicano = A taste of the
mexican market / by Nancy María Grande Tabor.
p. cm.
ISBN 0-88106-820-9 : (softcover)
1. Marketing (Home economics) – Mexico –
Juvenile literature. 2. Festivals – Mexico – Juvenile
literature. [1. Markets – Mexico. 2. Food.
3. Spanish language materials – Bilingual.] I. Title.
TX356.T33 1996
641' .0972—dc20   95-37372
                                                     CIP
                                                     AC

Printed in the United States of America
10 9 8 7 6 5

Printed on Recycled Paper

MERCADO

En una visita a México se pueden comer muchas comidas diferentes.

Ven conmigo al mercado mexicano.

Mi canasta está vacía y aquí tengo la lista de compras. ¡Vamos!

On a visit to Mexico you can eat many different foods.

Come with me to the Mexican market.

My basket is empty and here is the shopping list. Let's go!

chiles jalapeños	jalapeño peppers
plátanos	bananas
piñas	pineapples
fresas	strawberries
mangos	mangoes
lechuga	lettuce
chayote	chayote
zanahorias	carrots
tomates	tomatoes
rábanos	radishes
cebollas	onions
ajo	garlic
aguacates	avocados
cilantro	cilantro
queso	cheese
carne de res	beef
pollo	chicken
camarones	shrimp
maíz	dried corn
frijoles	beans
pan dulce	pastries

plátanos
bananas

plátanos
bananas

fresas
strawberries

guayabas
guavas

fresas
strawberries

guayabas
guavas

papayas
papayas

Vamos a encontrar las frutas que tenemos en nuestra lista.

Necesitamos piñas, plátanos, fresas, y mangos.

¡Hay tantos colores y tantas formas diferentes!

¿Hay frutas en el mercado mexicano que nunca has visto?

mangos
mangoes

piñas
pineapples

mameyes
mameys

papayas
papayas

Let's find the fruits on our list.

We need pineapples, bananas, strawberries, and mangoes.

There are so many different colors and shapes.

Does the Mexican market have any fruits you have never seen before?

manzanas rojas   red apples

manzanas verdes   green apples

toronjas   grapefruits

naranjas   oranges

Algunas frutas cambian de color cuando maduran.

Todas estas frutas comienzan de color verde, pero algunas se vuelven rojas, anaranjadas, moradas, o amarillas.

Otras conservan su color verde aunque hayan madurado.

¿Cuáles de estas frutas maduras han conservado su color verde?

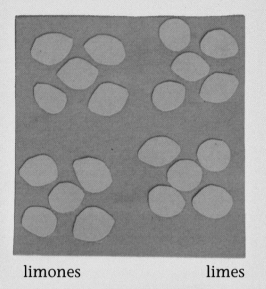

limones   limes

peras   pears

uvas   grapes

uvas verdes   green grapes

Some kinds of fruits change color as they ripen.

All of these fruits start out green, but some become red, orange, purple, or yellow.

Others are green even after they ripen.

Which of these ripe fruits are still green?

Aquí podemos comprar una fruta
entera, en rebanadas o en jugo.

Las rebanadas de sandías se
acomodan en pirámides, así
como los melones con su cáscara.

melón
cantaloupe

sandía
watermelon

tamarindo
tamarind

¿Te gustaría una rebanada para
comer ahorita?

caña de azúcar
sugar cane

sandía
watermelon

piña
pineapple

Here we can buy a whole fruit, slices, or juice.

The peeled watermelons are arranged in pyramids, just like the unpeeled cantaloupe.

jugo de tamarindo
tamarind juice

jugo de fresa
strawberry juice

jugo de limón
lime juice

jugo de piña
pineapple juice

jugo de caña
cane juice

jugo de melón
cantaloupe juice

Would you like a slice to eat now?

chayotes
chayotes

tomates
tomatoes

Los vegetales son también sabrosos.

¡Hay tantas maneras de
prepararlos!

Algunos vegetales deben hervirse,
hornearse, o freírse.

Otros como las zanahorias,
las lechugas y los tomates son
ricos crudos.

zanahorias
carrots

apio
celery

espinaca
spinach

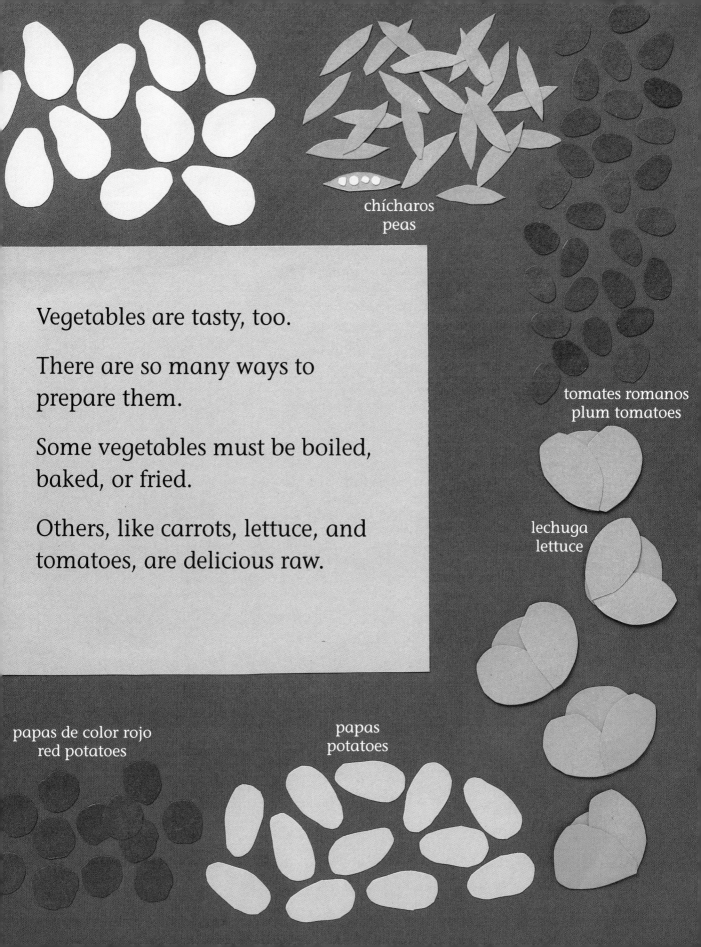

chícharos
peas

tomates romanos
plum tomatoes

lechuga
lettuce

Vegetables are tasty, too.

There are so many ways to prepare them.

Some vegetables must be boiled, baked, or fried.

Others, like carrots, lettuce, and tomatoes, are delicious raw.

papas de color rojo
red potatoes

papas
potatoes

elote
corn

jícama
jicama

cebollas
onions

ajo
garlic

De las plantas vegetales, comemos solamente ciertas partes.

Podemos comer raíces de algunos vegetales, como los rábanos o la jícama.

La parte que se come de algunos vegetales como la col, es las hojas.

Las semillas del maíz (que es el elote) y las frutas de los chiles son las únicas partes que comemos.

Necesitamos comprar cebollas, ajo, cilantro, y chiles jalapeños para preparar la salsa.

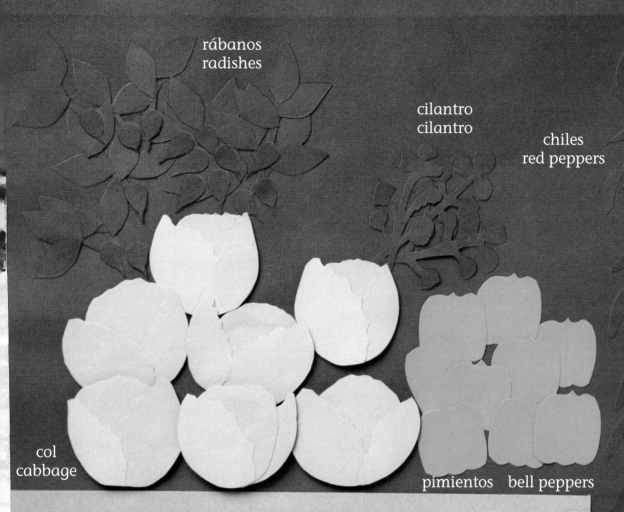

rábanos
radishes

cilantro
cilantro

chiles
red peppers

col
cabbage

pimientos   bell peppers

We eat only certain parts of vegetable plants.

We can eat the roots of some vegetables, like radishes or jicama.

The edible part of some vegetables, like cabbage, is the leaves.

The seeds of corn and the fruits of peppers are the only parts we eat.

We need to buy onions, garlic, cilantro, and jalapeño peppers to make salsa.

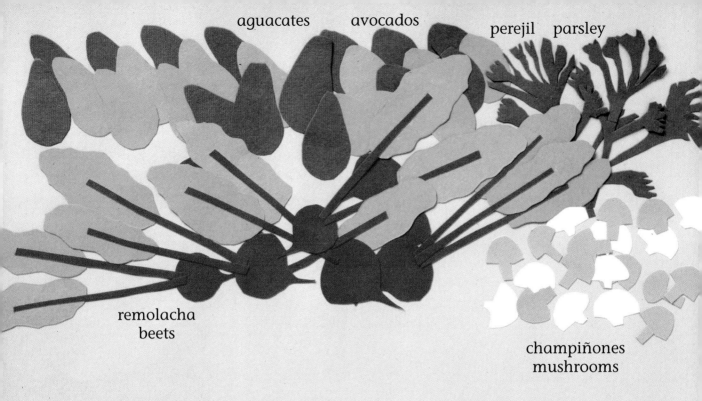

aguacates   avocados   perejil   parsley

remolacha
beets

champiñones
mushrooms

Pesamos las frutas y vegetales para saber
qué tanto necesitamos comprar.

En México, pesamos con
gramos y kilogramos.

¿Pesas tú en onzas y libras?

bróculi
broccoli

coliflor   cauliflower

We weigh the fruits and vegetables to know how much to buy.

In Mexico, we weigh with grams and kilos.

Do you weigh with ounces and pounds?

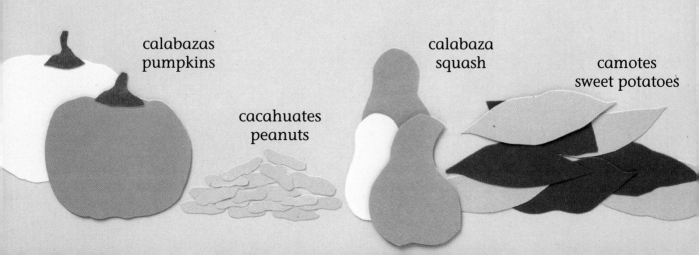

calabazas
pumpkins

calabaza
squash

camotes
sweet potatoes

cacahuates
peanuts

Las nueces, las pasas y la miel son deliciosas.

Dentro del coco hay agua y una pulpa blanca.

La almendra y su cáscara son de la misma forma, pero las nueces lisas son muy diferentes a su cáscara.

pasas
raisins

almendras
almonds

pistachos
pistachios

nueces lisas
pecans

cocos
coconuts

Nuts, raisins, and honey are delicious treats.

Inside the coconut is coconut milk and white coconut meat.

Almond shells and the almond inside are the same shape, but pecans are very different from their shells.

miel
honey

Podemos comprar queso hecho en casa en su propia canasta.

Aquí hay quesos dulces y salados.

¿Prefieres helados de crema o helados de fruta?

¿Cuál es el sabor que te gusta más?

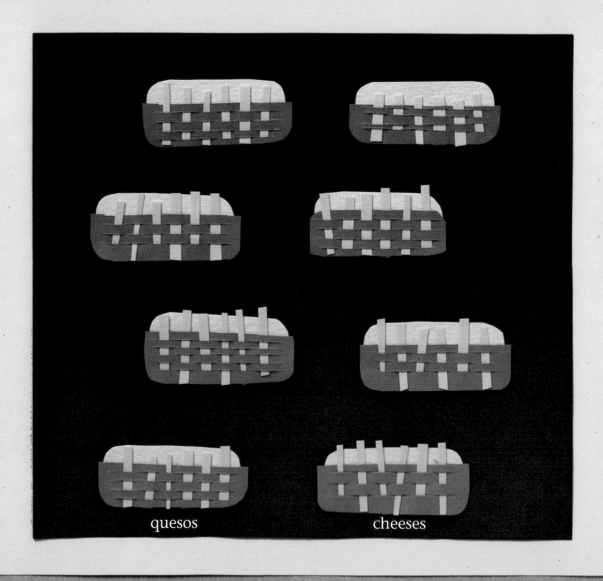

quesos   cheeses

We can buy a homemade cheese in its own basket.

Here there are both sweet and salty cheeses.

Do you prefer ice cream or frozen fruit bars?

Which is your favorite flavor?

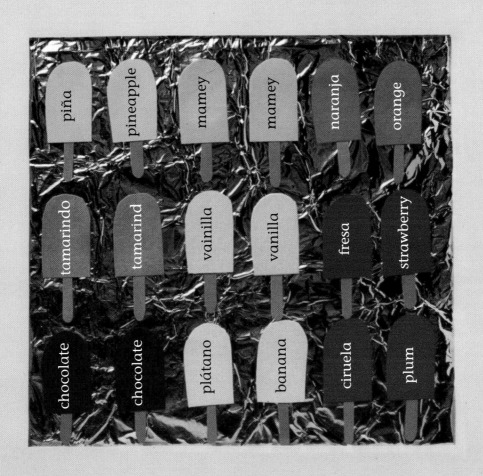

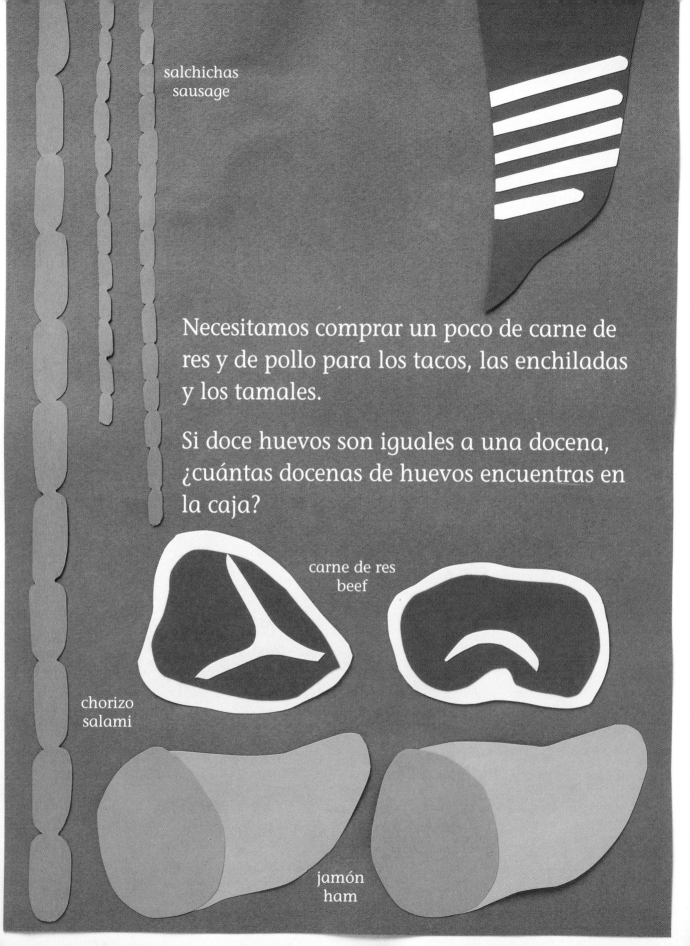

salchichas
sausage

Necesitamos comprar un poco de carne de res y de pollo para los tacos, las enchiladas y los tamales.

Si doce huevos son iguales a una docena, ¿cuántas docenas de huevos encuentras en la caja?

carne de res
beef

chorizo
salami

jamón
ham

pollo
chicken

huevos
eggs

We need to buy some beef and chicken for the tacos, enchiladas, and tamales.

If twelve eggs equals a dozen, how many dozen eggs do you see in the box?

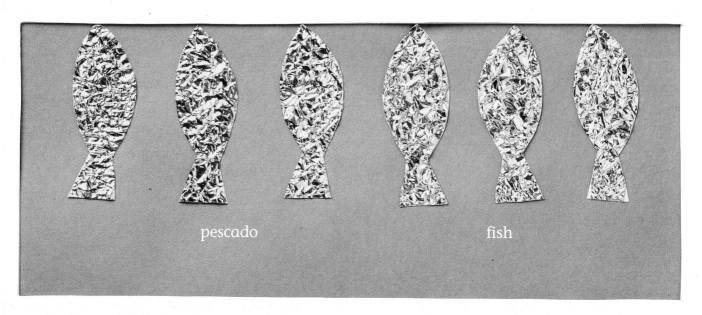

pescado   fish

¡Hay muchas clases de mariscos!

Algunos tienen colas, unos tienen conchas
y unos tienen patas.

Algunos no tienen ni colas ni patas.

¡Otros tienen las dos!

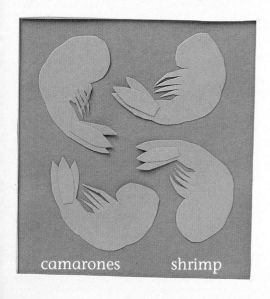

camarones   shrimp

tiburón   shark

almejas   clams

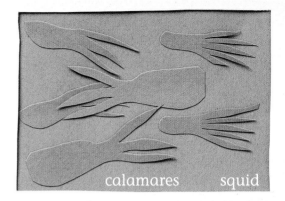

calamares   squid

There are many different kinds of seafood!

Some have tails, some have shells, and some have legs.

Some have neither tails nor legs.

Others have both!

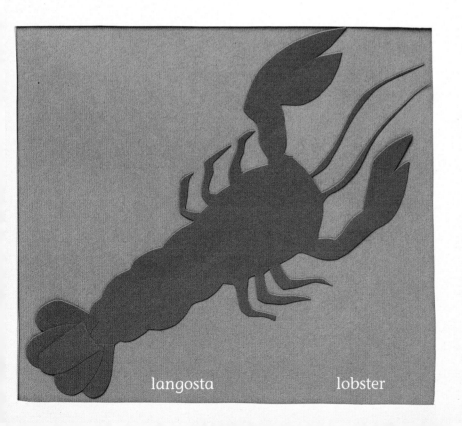

langosta   lobster

cangrejos
crabs

frijoles
pinto beans

Un kilo es igual a 2,2 libras.

Necesitamos comprar medio kilo de maíz para moler y obtener la masa para las tortillas.

¿Cuántos tipos de frijoles se venden aquí?

¿De cuál tipo compraríamos?

lentejas
lentils

frijoles blancos
white beans

habas
lima beans

frijoles de ojo
black-eyed peas

frijoles negros
black beans

arroz de grano largo
long grain rice

One kilo equals 2.2 pounds.

We need to buy half a kilo
of corn to grind into meal
for tortillas.

How many kinds of beans
are sold here?

Which kind should we buy?

arroz de grano corto
short grain rice

frijoles rojos
red beans

harina integral
whole-wheat flour

frijoles
brown beans

maíz
corn

harina
flour

espejos   glazed cookies

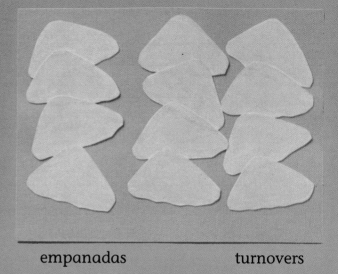

empanadas   turnovers

Pan dulce es un postre especial, pero es tan difícil saber cuál escoger.

Si compramos dos de cada tipo, ¿cuántos tendríamos?

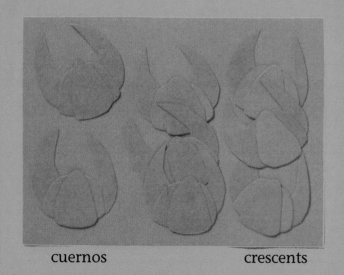

cuernos   crescents

conchas   shells

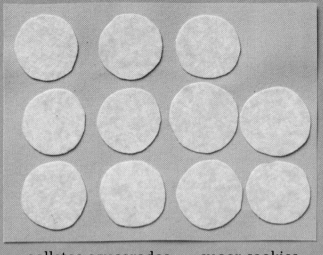

galletas azucaradas   sugar cookies

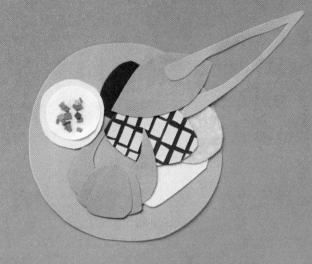

Pastries are a special dessert, but
it's so hard to choose which to buy.

If we choose two of each, how
many will we have?

pan dulce   sweet rolls

galletas de chocolate   chocolate cookies

sombreros
hats

piñatas
piñatas

flores
flowers

Ahora que hemos comprado todo lo
que necesitamos, ¿qué más podemos
comprar para que nuestra comida
sea especial?

canastas
baskets

bolsos
purses

cobijas
blankets

Now that we've bought all the
food we need, what else can we
buy to make our meal special?

huaraches
huaraches

zapatos
shoes

cinturones
belts

Ha sido un placer ir de compras contigo,
y ahora nuestra canasta está llena.

El gusto del mercado mexicano se
convierte en una comida deliciosa.

Y lo mejor de todo es que estamos
juntos, compartiendo nuestras
culturas y celebrando
nuestra amistad.

It has been fun shopping with you, and now our basket is full.

A taste of the Mexican market becomes a meal that is delicious.

And the best part of all is that we are together, sharing our culture and celebrating our friendship.

1. Hay quince piñas en este libro. ¿Puedes encontrarlas?
   There are fifteen pineapples in this book. Can you find them?

2. ¿Puedes encontrar veinticinco canastas?
   Can you find twenty-five baskets?

3. Encuentra cinco frutas y vegetales diferentes que sean de color rojo.
   Find five different fruits and vegetables that are red.

4. ¿Dónde se encuentran cuatro alimentos diferentes que se cuelgan?
   Where are the four different hanging foods?

5. Encuentra tres tipos de papa.
   Find three kinds of potato.

6. ¿Puedes nombrar nueve frutas diferentes que crecen en árboles?
   Can you name nine different fruits that grow on trees?

7. Encuentra nueve vegetales diferentes que crecen bajo la tierra.
   Find nine different vegetables that grow underground.

8. Hay diez frutas y vegetales diferentes que tienen partes de color verde que comemos. ¿Puedes encontrarlos?
   There are ten different fruits and vegetables with green parts that we eat. Can you find them?

9. ¿Puedes encontrar la página en donde hay solamente cinco colores?
   Can you find the page that has only five colors?

10. ¿Qué preguntas podrías hacer sobre las cosas que se venden en este mercado?
    What questions can you make up about the things for sale in this market?